Trainingsplanung für ein Ausdauertraining. Ausdauertestung und Planung im Mesozyklus

Gamze Kus

Bibliografische Information der Deutschen Nationalbibliothek:

Die Deutsche Nationalbibliothek verzeichnet diese Publikation in der Deutschen Nationalbibliografie; detaillierte bibliografische Daten sind im Internet über http://dnb.d-nb.de abrufbar.

ISBN: 9783346272591
Dieses Buch ist auch als E-Book erhältlich.

Druck und Bindung: Books on Demand GmbH, Norderstedt Germany
Gedruckt auf säurefreiem Papier aus verantwortungsvollen Quellen

Das vorliegende Werk wurde sorgfältig erarbeitet. Dennoch übernehmen Autoren und Verlag für die Richtigkeit von Angaben, Hinweisen, Links und Ratschlägen sowie eventuelle Druckfehler keine Haftung.

Das Buch bei GRIN: https://www.grin.com/document/940629

Deutsche Hochschule für

Prävention und Gesundheitsmanagement

Hermann Neuberger Sportschule 3

66123 Saarbrücken

Einsendeaufgabe

Fachmodul: Trainingslehre II

Studiengang: Bachelor of Arts Gesundheitsmanagement

Name, Vorname: Kus, Gamze

Inhaltsverzeichnis

1 Diagnose

Im ersten Kapitel wird eine tabellarische Übersicht der allgemeinen und biometrischen Daten einer fiktiven Person mit anschließender Ausdauertestung dargestellt, um darauf basierend eine individuelle Trainingsmodifikation steuern zu können.

1.1 Allgemeine und biometrische Daten

Die dargestellte Tabelle zeigt, die im nächsten Schritt zu analysierenden und bewertenden allgemeinen und biometrischen Daten der Person an.

Tab. 1: Allgemeine und biometrische Daten der Testperson (eigene Darstellung)

Alter	26 Jahre
Geschlecht	männlich
Körpergröße	1,85 Meter
Körpergewicht	84 Kilogramm
Trainingsmotive	allgemeine Fitness steigern, Leistungsfähigkeit erhöhen, Körpergewicht reduzieren, besser aussehen
Berufliche Tätigkeit	Student (sitzend)
Aktuelle sportliche Aktivität	4 x pro Woche Fußball im Verein, 90 Minuten pro Einheit
Frühere sportliche Aktivität	5 x pro Woche Fußball im Verein, 90 Minuten pro Einheit
	3 x pro Woche moderates Kraft- und Ausdauertraining im Fitnessstudio, 60 Minuten pro Einheit
Zeitlicher Verfügungsrahmen	2 x pro Woche, max. 120 Minuten pro Einheit
Blutdruck	124/84 mmHg
Ruhepuls	65 Schläge pro Minute
Orthopädische Probleme	keine
Internistische Probleme	keine
Ärztliche Behandlung	nein
Einnahme von Medikamenten	nein
Gesundheitliche Einschränkungen	keine

Wie in der Tabelle 1 zu erkennen ist, handelt es sich bei der Person um einen 26-jährigen Studenten mit einem Blutdruck von 124/84 mmHg, der nach den Angaben in Tabelle 2 als normal zu bewerten ist. Des Weiteren ist zu entnehmen, dass sich der Ruhepuls mit 65 Schlägen pro Minute, nach Markworth (2012, S. 161) ebenso im normalen Bereich befindet (vgl. Tabelle 3).

Tab. 2: Blutdruckklassifikation der American Heart Association (modifiziert nach Mancia et al., 2013, S. 1289)

Kategorie	Systolisch (mmHg)	Diastolisch (mmHg)
Normalblutdruck (Normotonie)		
Optimal	unter 120	Unter 80
Normal	unter 130	Unter 85
Hochnormal	130-139	85-89
Bluthochdruck (arterielle Hypertonie)		
Stufe 1	140-159	90-99
Stufe 2	160-179	100-109
Stufe 3	> 180	> 110

Tab. 3: Normalwerte der Herzfrequenz in Ruhe (modifiziert nach Markworth, 2012, S. 161)

Lebensalter in Jahren	Ruheherzfrequenz/Minute
Neugeborene	110-150 Schläge
Kind	65-105 Schläge
Erwachsene 20-60	60-100 Schläge
Erwachsene > 60	60-100 Schläge

1.2 Leistungsdiagnostik/Ausdauertestung

Zunächst wird eine Leistungsdiagnostik anhand eines geeigneten Ausdauertests ermittelt. Das Testverfahren wird nach dem Leistungsniveau der Testperson gewählt, da sich die verschiedenen Testverfahren in ihrer Belastungsintensität unterscheiden. Für die aufgezeigte Testperson wird der IPN-Test mit dem Belastungsschema nach Hollmann und Venrath gewählt, da die Person die Anforderungen des Tests erfüllt, also bereits durchschnittlich bis gut (muskulär) trainiert ist und die geforderte Leistung von mindestens 150 Watt zumutbar ist. Die Voreinstufung bzw. die Bestimmung des Abbruchkriteriums erfolgt nach den Angaben in der Tabelle 4 ohne die Berücksichtigung eines Aufschlags für den Puls, da bisher kein kontinuierliches, eher nur wenig Ausdauertraining durchgeführt wurde. Der Test wird auf dem Fahrradergometer absolviert.

Tab. 4: Voreinstufung nach Ruheherzfrequenz und Lebensalter (modifiziert nach IPN, 2004, S. 4)

Alter Hf$_{Ruhe}$	< 20	20-29	30-39	40-49	50-59	60-69	> 70
< 50 S/min	140 S/min	135 S/min	130 S/min	125 S/min	115 S/min	110 S/min	105 S/min
50-59 S/min	145 S/min	140 S/min	135 S/min	125 S/min	120 S/min	115 S/min	110 S/min
60-69 S/min	145 S/min	145 S/min	135 S/min	130 S/min	125 S/min	120 S/min	115 S/min
70-79 S/min	150 S/min	145 S/min	140 S/min	135 S/min	130 S/min	125 S/min	120 S/min
80-89 S/min	155 S/min	150 S/min	145 S/min	140 S/min	135 S/min	125 S/min	125 S/min
> 90 S/min	160 S/min	155 S/min	150 S/min	145 S/min	135 S/min	130 S/min	125 S/min

Tab. 5: Testprotokoll und Testverlauf (eigene Darstellung)

Testform:	Geschlecht:	Alter:	Blutdruck:
H & V-Test	männlich	26 Jahre	124/84 mmHg
Eingangsbelastung:	Trittfrequenz:	Gewicht:	Ruhepuls:
30 Watt	60-80 Umdrehungen/Minute	84 Kilogramm	65 Schläge pro Minute
Pulsobergrenze nach IPN:		Belastungssteigerung:	Stufendauer:
145 Schläge pro Minute		40 Watt	3 Minuten

Zeit in Minuten	Watt	Herzfrequenz 1. Minute	Herzfrequenz 2. Minute	Herzfrequenz 3. Minute
0-3	30	70	73	79
4-6	70	83	86	92
7-9	110	94	98	104
10-12	140	116	127	131
13-15	190	135	138	145

Watt gesamt: 190 Watt
Watt/kg: 2,26 Watt/kg
Bewertung nach IPN-Normtabelle für Männer: im durchschnittlichen Bereich = untrainiert

Die Testperson hat insgesamt fünf Belastungsstufen vollständig durchfahren und hat nach 15 Minuten bei 190 Watt die nach IPN, also in Tabelle 4 definierte Pulsobergrenze erreicht. Berechnet man nun die Wattanzahl durch das Körpergewicht in kg erhält man den Wert „Watt/kg" und kann die Bewertung des Tests anhand der Normtabelle für sub-maximale Radergometertests nach IPN (2004, S. 8) in Tabelle 6 ablesen. Mit dem Wert von 2,26 Watt/kg liegt die Testperson im durchschnittlichen Bereich, welcher als Norm-wert für eine untrainierte Person definiert wird.

Tab. 6: Normtabelle für submaximale Radergometertests – Relative Watt-Soll-Leistung (Watt pro kg) bei Männern (modifiziert nach IPN, 2004, S. 8)

Alter Intensität	< 30	30-34	35-39	40-44	45-49	50-54	55-59	> 60	Bewer- tung
0,50	1,45	1,38	1,31	1,23	1,16	1,09	1,02	0,94	- -
0,51	1,50	1,43	1,35	1,28	1,20	1,13	1,05	0,98	- -
0,52	1,55	1,47	1,40	1,32	1,24	1,16	1,09	1,01	- -
0,53	1,60	1,52	1,44	1,36	1,28	1,20	1,12	1,04	- -
0,54	1,65	1,57	1,49	1,40	1,32	1,24	1,16	1,07	- -
0,55	1,70	1,62	1,53	1,45	1,36	1,28	1,19	1,11	-
0,56	1,75	1,66	1,58	1,49	1,40	1,31	1,23	1,14	-
0,57	1,80	1,71	1,62	1,53	1,44	1,35	1,26	1,17	-
0,58	1,85	1,76	1,67	1,57	1,48	1,39	1,30	1,20	-
0,59	1,90	1,81	1,71	1,62	1,52	1,43	11,33	1,24	-
0,6	2,00	1,90	1,80	1,70	1,60	1,50	1,40	1,30	/
0,61	2,20	2,09	1,98	1,87	1,76	1,65	1,54	1,43	/
0,62	2,40	2,28	2,16	2,04	1,92	1,80	1,68	1,56	/
0,63	2,60	2,47	2,34	2,21	2,08	1,95	1,82	1,69	+
0,64	2,80	2,66	2,52	2,38	2,24	2,10	1,96	1,82	+
0,65	3,00	2,85	2,70	2,55	2,40	2,25	2,10	1,95	+
0,66	3,20	3,04	2,88	2,72	2,56	2,40	2,24	2,08	+ +
0,67	3,40	3,23	3,06	2,89	2,72	2,55	2,38	2,21	+ +
0,68	3,60	3,42	3,24	3,06	2,88	2,70	2,52	2,34	+ +
0,69	3,80	3,61	3,42	3,23	3,04	2,85	2,66	2,47	+ +
0,70	4,00	3,80	3,60	3,40	3,20	3,00	2,80	2,60	+ +

1.3 Gesundheits- und Leistungsstatus der Person

Die Testperson hat keinerlei Erkrankungen oder Einschränkungen. Sowohl der Puls, als auch der Blutdruck sind nach Markworth (2012, S. 161), vergleichbar in Tabelle 3 und der Blutdruckklassifikation der American Heart Association in Tabelle 2 als normal einzustufen. Das Ergebnis des Leistungstestes weist nach IPN (2004, S. 8) eine durchschnittliche Ausdauerleistungsfähigkeit auf. Somit kann die Person als belastbar eingestuft werden. Allerdings sollte zunächst die Grundlagenausdauer trainiert und stabilisiert werden, um im weiteren Verlauf höhere Intensitäten ohne Komplikationen erreichen zu können.

2 Zielsetzung/Prognose

In der folgenden Tabelle werden, die aus den Trainingsmotiven der Testperson abgeleiteten Trainingsziele dargestellt.

Tab. 7: Trainingsziele (eigene Darstellung)

Inhalt	Ausmaß	Zeit
Reduzierung des Körpergewichts	von 84 Kilogramm auf 80 Kilogramm	12 Wochen
Senkung des Ruhepulses	von 65 Schlägen pro Minute auf 63 Schläge pro Minute	12 Wochen
Verbesserung der persönlichen Wattleistung	von 2,26 Watt/kg auf 2,60 Watt/kg	12 Wochen

Das Ziel der Reduzierung des Körpergewichts basiert auf den konkret angegebenen Trainingsmotiven „Körpergewicht reduzieren" und „besser aussehen" (vgl. Tabelle 1), damit die Person dadurch ein ästhetischeres Erscheinungsbild nach seinen Wünschen erreichen kann. Die Senkung des Ruhepulses und die Verbesserung der Wattleistung dienen als Kontrollparameter, um die Trainingsmotive „allgemeine Fitness steigern" und „Leistungsfähigkeit erhöhen" messbar zu machen. Denn Personen mit einem niedrigeren Ruhepuls weisen, durch die Anpassung des Herzens eine höhere Fitness und Leistungsfähigkeit bei intensiven Belastungen auf (Markworth, 2012, S. 177). Außerdem ist die individuelle Verbesserung der Leistungsfähigkeit anhand der erbrachten Wattleistung eines erneuten Hollmann & Venrath-Tests bzw. IPN-Tests subjektiv kontrollierbar. Wenn das Testergebnis von 2,26 Watt/kg auf 2,60 Watt/kg gesteigert wird, ergibt sich durch die Normtabelle nach IPN (2004, S. 8) bereits eine gute und höhere Ausdauerleistungsfähigkeit, die durch die Testperson erwünscht ist.

3 Trainingsplanung Mesozyklus

Im Folgenden wird die grobe und detaillierte Gestaltung des ersten Mesozyklus und die Begründung zur Wahl verschiedener Kriterien dargelegt.

3.1 Grobplanung Mesozyklus

Die folgende Tabelle zeigt die Inhalte der Grobplanung des Mesozyklus.

Tab. 8: Grobplanung des Mesozyklus (eigene Darstellung)

Mesozyklus	
Dauer	6 Wochen
Trainingsziel	Aufbau der Grundlagenausdauer → Reduzierung des Körpergewichts → Senkung des Ruhepulses → Verbesserung der persönlichen Wattleistung
Belastungsumfang/Woche	80 bis 150 Minuten
Trainingsmethode	extensive Dauermethode intensive Dauermethode
Trainingsintensität	60 bis 70 % des Hfmax (extensive Dauermethode) 75 bis 85 % des Hfmax (intensive Dauermethode)
Trainingshäufigkeit/Woche	2 mal
Dauer pro Trainingseinheit	20 bis 110 Minuten
Trainingsgerät	Fahrradergometer Laufband (laufen)

3.2 Detailplanung Mesozyklus

In den einzelnen Tabellen dieses Kapitels findet die detaillierte Planung des Mesozyklus statt. Für die Bestimmung der max. Trainingsherzfrequenz wurde die ACSM-Formel (Thf = Hfmax x Intensität in Prozent) genutzt (ACSM, 2006, S. 341), um anschließend die relevante Trainingsherzfrequenz je nach Trainingsintensität berechnen zu können. In diesem Zyklus wird das Fahrradergometer und das Laufband als Trainingsgerät gewählt. Die max. Herzfrequenz wird mit den Formeln (Hfmax = 220 - Lebensalter beim Laufen auf dem Laufband und Hfmax = 200 - Lebensalter beim Fahrradergometer) nach ACSM (1998, S. 975) ermittelt. Die Trainingsziele in den ersten sechs Wochen sind die Grundlagenausdauer 1 (GA-1) und die Grundausdauer 2 (GA-2).

Tab. 9: Detailplanung des Mesozyklus, erste und zweite Woche (eigene Darstellung)

Woche 1	Montag	Donnerstag	Woche 2	Montag	Donnerstag
Trainingsziel	GA1-Training	GA2-Training	Trainingsziel	GA1-Training	GA2-Training
Trainingsmethode	extensive Dauermethode	intensive Dauermethode	Trainingsmethode	extensive Dauermethode	intensive Dauermethode
Trainingsintensität	60%	75%	Trainingsintensität	60%	75%
Trainingsherzfrequenz	116 Schläge pro Minute	146 Schläge pro Minute	Trainingsherzfrequenz	116 Schläge pro Minute	146 Schläge pro Minute
Trainingsdauer	60 min	20 min	Trainingsdauer	70 min	20 min
Trainingsgerät	Fahrradergometer	Laufband	Trainingsgerät	Fahrradergometer	Laufband

Tab. 10: Detailplanung des Mesozyklus, dritte und vierte Woche (eigene Darstellung)

Woche 3	Montag	Donnerstag	Woche 4	Montag	Donnerstag
Trainingsziel	GA1-Training	GA2-Training	Trainingsziel	GA1-Training	GA2-Training
Trainingsmethode	extensive Dauermethode	intensive Dauermethode	Trainingsmethode	extensive Dauermethode	intensive Dauermethode
Trainingsintensität	65%	80%	Trainingsintensität	65%	80%
Trainingsherzfrequenz	126 Schläge pro Minute	155 Schläge pro Minute	Trainingsherzfrequenz	126 Schläge pro Minute	155 Schläge pro Minute
Trainingsdauer	80 min	30 min	Trainingsdauer	90 min	30 min
Trainingsgerät	Fahrradergometer	Laufband	Trainingsgerät	Fahrradergometer	Laufband

Tab. 11: Detailplanung des Mesozyklus, fünfte und sechste Woche (eigene Darstellung)

Woche 5	Montag	Donnerstag	Woche 6	Montag	Donnerstag
Trainingsziel	GA1-Training	GA2-Training	Trainingsziel	GA1-Training	GA2-Training
Trainingsmethode	extensive Dauermethode	intensive Dauermethode	Trainingsmethode	extensive Dauermethode	intensive Dauermethode
Trainingsintensität	70%	85%	Trainingsintensität	70%	85%
Trainingsherzfrequenz	135 Schläge pro Minute	164 Schläge pro Minute	Trainingsherzfrequenz	135 Schläge pro Minute	164 Schläge pro Minute
Trainingsdauer	100 min	40 min	Trainingsdauer	110 min	40 min
Trainingsgerät	Fahrradergometer	Laufband	Trainingsgerät	Fahrradergometer	Laufband

3.3 Begründung zum Mesozyklus

In diesem Abschnitt folgt die Begründung zur Wahl verschiedener Eigenschaften im Mesozyklus.

3.3.1 Begründung zum angestrebten wöchentlichen Belastungsumfang

Die Zusammensetzung des Belastungsumfangs erfolgt zum einen über den zeitlichen Verfügungsrahmen und zum anderen unter Beachtung des Trainings als Anpassungsvorgang. Wichtig ist ein optimales Gleichgewicht von Belastung und Erholung. Der Belastungsumfang ist für die Testperson auf eine Dauer von 80-150 Minuten festgelegt. Die Dauer der einzelnen Trainingseinheiten wird durch die Vorgaben der extensiven und intensiven Dauermethode bestimmt, woraus dann der wöchentliche Belastungsumfang resultiert. Um den zeitlichen Verfügungsrahmen des Kunden zu beachten, wird die Trainingshäufigkeit auf zwei Einheiten pro Woche beschränkt. Die Trainingstage sind so gewählt, dass sie sich mit dem Fußballtraining nicht überschneiden und eine gewisse Regenerationszeit gegeben ist, um den Superkompensationsprozess nicht zu stören (Zintl & Eisenhut, 2001, S. 20).

3.3.2 Begründung zu den angestrebten Trainingsmethoden

Die Testperson trainiert mit der sogenannten extensiven und intensiven Dauermethode, um die Trainingsziele optimal zu erreichen. Dabei erfolgt die Aufteilung der Trainingsmethoden jeweils einmal wöchentlich. Die extensive Dauermethode wird durch ihre geringe Belastungsintensität und einem langen Belastungszeitraum charakterisiert und strebt dabei ein langfristiges Ergebnis an. Das Ziel dieser Variante wird vor allem durch die Verbesserung des aeroben Stoffwechsels, die Ökonomisierung des Herz-Kreislauf-Systems sowie die Verbesserung der Fettverbrennung definiert (Grosser & Starischka, 1998, S. 132). Dabei werden im wesentlichen die Ziele „Körpergewicht Reduktion" und „Senkung des Ruhepulses" positiv beeinflusst. Zusätzlich wird die intensive Belastungsmethode gewählt, um durch ihren wesentlich kürzeren Belastungszeitraum und einer höheren Belastungsintensität einerseits die Glykogenspeicher auszuschöpfen und anschließend neue Trainingsreize zu setzen bzw. die Überkompensation anzustreben (Grosser & Starischka, 1998, S. 133) und andererseits den Spaßfaktor anzuheben.

Außerdem ist die intensive Dauermethode die effektivste Methode zur Verbesserung der aeroben Ausdauerleistungsfähigkeit (Grosser & Starischka, 1998, S. 133). Hierbei wird primär das Ziel „Verbesserung der persönlichen Leistungsfähigkeit" angestrebt. Beide Varianten haben positive Synergieeffekte auf alle Trainingsmotive bzw. Ziele des Kunden.

3.3.3 Begründung zur Belastungsprogression

Dieses Kapitel beschäftigt sich mit der Begründung der Belastungsprogression. Diese beginnt im Rahmen des Ausdauertrainings nach Zintl und Eisenhut (2001, S. 18) zunächst mit der Steigerung der Trainingshäufigkeit, im weiteren Verlauf des Trainingsumfangs und letztendlich mit der Trainingsintensität. In diesem Fall wurde die Trainingshäufigkeit aufgrund des zeitlichen Verfügungsrahmen (vgl. Tabelle 1) der Testperson bei zwei Trainingseinheiten pro Woche belassen. Alle weiteren Faktoren wurden nach dem Prinzip von Zintl und Eisenhut (2001, S. 18) gesteigert, um die Progressionen optimal zu gestalten und stetig progressive Anpassungseffekte zu erzielen. Zu beachten ist auch, dass die Intensitäten nach den gewählten Trainingsmethoden innerhalb der Belastungsintensität von 60 Prozent bis 70 Prozent des Hfmax bei der extensiven Dauermethode und von 60 Prozent bis 75 Prozent des Hfmax bei der intensiven Dauermethode gesteigert werden, um die dementsprechend definierten Ziele zu erreichen und eine Stagnation zu vermeiden (Weineck, 1997, S. 77).

3.3.4 Begründung zu den angesteuerten Trainingsbereichen

Im geplanten Mesozyklus werden die Trainingsbereiche „Grundlagenausdauer 1" und „Grundlagenausdauer 2" angesteuert. Die Grundlagenausdauer 1 wird gewählt, um zunächst die Grundlagenausdauer aufzubauen, da sie bei der Testperson nicht vorhanden ist. Außerdem wird währenddessen der Fettstoffwechsel aktiviert, verbessert und bewirkt dadurch eine Reduzierung des Körpergewichts. Durch die Herz-Kreislauf stärkende Eigenschaft wird eine Erhöhung der Leistungsfähigkeit erreicht und der Ruhepuls gesenkt. Anhand des Grundlagenausdauertraining 2 werden intensive Reize für die Aktivierung verschiedener Stoffwechselprozesse gesetzt, um eine höhere Laktattoleranz aufzubauen. Das Grundlagenausdauertraining 2 soll die Ausdauer der Person insgesamt auf ein höheres Niveau bringen und die Fitness der Person steigern.

3.3.5 Begründung der ausgewählten Ausdauergeräte bzw. Bewegungsformen

Bei der Gestaltung der Ausdauergeräte wurden für den sechswöchigen Mesozyklus das Fahrradergometer und das Laufen auf dem Laufband ausgesucht. Das Laufen auf dem Laufband wurde gewählt, weil es eine gute Vorbereitung für bessere und längere Leistungsfähigkeiten in der ausgeübten Sportart, also Fußball bietet. Außerdem ermöglicht das Laufen auf dem Laufband einen höheren Kalorienverbrauch, welche für die Reduktion des Körpergewichts vom Vorteil ist als andere Ausdauergeräte, weil viele Muskeln beansprucht werden und somit der Sauerstoffverbrauch sowie der damit verbundene Kalorienverbrauch höher ist. Zusätzlich wurde für ein abwechslungsreiches Training das Fahrradergometer hinzugezogen, da die Person mit dem Bewegungsablauf vertraut ist und keine weitere Einweisung notwendig ist. Außerdem kann die Leistungssteigerung damit besser kontrolliert werden, zumal der Ausgangstest und der nachfolgende Test zur Kontrolle der Leistungssteigerung auf dem Fahrradergometer absolviert werden.

4   Literaturrecherche

Die nachfolgende Tabelle hebt die Details zweier Studien zum Thema „Effekte des Ausdauertrainings bei arterieller Hypertonie" hervor.

Tab. 11: Zusammengefasste Darstellung der Studien „Kardiovaskuläre Effekte eines aeroben versus eines isometrischen Trainings bei arterieller Hypertonie" (Vlatsas, 2015) und „Aerobic interval training reduces blood pressure and improves myocardial function in hypertensive patients" (Molmen-Hansen et al., 2012)

Wer hat die Studie durchgeführt?	Vlatsas, S.	Molmen-Hansen, H., Solten, T., Tjonna, A., Aamot, I., Ekeberg, I., Tylum, G., Wisloff, U., Ingul, C., Stoylen, A.
In welchem Jahr wurde die Studie publiziert?	2015	2011

Welche Forschungsfrage wurde untersucht?	Gibt es positive kardiovaskuläre Effekte durch aerobes oder durch isometrisches Training bei arterieller Hypertonie?	Gibt es Erfolg versprechende Auswirkungen des aeroben Ausdauertrainings auf den Blutdruck und die Herzmuskelfunktion und werden diese durch verschiedene Faktoren wie z.B. Trainingsdosis, Trainingsfrequenz oder Trainingsintensität beeinflusst?
Mit welchen Versuchspersonen wurde die Studie durchgeführt?	70 Probanden die an arterieller Hypertonie leiden oder einen Blutdruck ≥ 140/90 mmHg aufweisen (in medikamentöser Behandlung)	88 Personen die an arterieller Hypertonie erkrankt sind (39 Frauen und 49 Männer, im Alter von 45 bis 59 Jahre)
Wie sah der Versuchsaufbau der Studie aus?	Zu Beginn der Studie wurden die Blutdruckwerte durch eine 24-Stunden-Blutdruckmessung erfasst. Dann wurden die Probanden in drei Gruppen aufgeteilt damit sie in einem Trainingsumfang von 12 Wochen jeweils verschiedene Trainingsarten auf sich wirken lassen. Die erste Gruppe (25 Personen) sollte ein isometrisches Training durchführen (Faustschlusskontraktionen mit 30% der maximalen Kraft) und die zweite Gruppe (23 Personen) sollte am gleichen Trainingsprogramm teilhaben, allerdings an Placebo-Geräten (Kontraktionen mit 5% der maximalen Kraft). Die dritte Gruppe (22 Personen) führte ein aerobes Ausdauertraining durch. Die Trainingshäufigkeit beläuft sich auf fünf Trainingseinheiten pro Woche. Im Anschluss der 12 Wochen wurde eine erneute 24-Stunden-Blutdruckmessung durchgeführt.	Während der Studie wurden die Probanden mit einer 24-Stunden-Blutdruckmessung kontrolliert. Außerdem wurde die maximale Sauerstoffaufnahme beobachtet. Die Probanden wurden in drei verschiedene Gruppen eingeteilt. Die Personen in der ersten und zweiten Gruppe mussten ein Intervalltraining auf einem Laufband durchführen. Die erste Gruppe musste unter einer Belastung der Herzfrequenz von max. 90% und die zweite Gruppe unter einer Belastung der Herzfrequenz von max. 70% trainieren. Die dritte Gruppe diente als Kontrollgruppe, die kein Training absolvieren sollte. Das Training wurde drei mal pro Woche über 12 Wochen durchgeführt.
Welche relevanten Ergebnisse und Schlussfolgerungen liefert die Studie?	Anhand der erneuten Messung konnten bei der dritten Gruppe signifikante Verbesserung festgestellt werden. Die Senkung des Blutdruckes war bei den Probanden, die ein aerobes Ausdauertraining absolvierten erfolgreich. Das isometrische Training hatte keinen Einfluss auf die 24-Stunden-Blutdruckmesseung und es zeigte sich keine Verbesserung. Somit würde sich auch der Studie schlussfolgern lassen, dass aerobes Ausdauertraining positive Effekte auf arterielle Hypertonie aufweist.	In der ersten Gruppe wurde der systolische Blutdruck durchschnittlich um 12 mmHg und der diastolische Blutdruck um 8 mmHg gesenkt. Die zweite Gruppe hatte eine durchschnittliche Senkung des Blutdruckes im systolischen Bereich von 4,5 mmHg und im diastolischen Bereich von 2,5 mmHg. Außerdem wurde die max. Sauerstoffaufnahme bei der ersten Gruppe um 15% und bei der zweiten Gruppe um 5% verbessert. Als Fazit lässt sich feststellen, dass die blutdrucksenkende Wirkung von aeroben Ausdauertraining (in diesem Fall Intervalltraining) erfolgreich ist und die Herzmuskelfunktion positiv beeinflusst wird. Zusätzlich wurde festgestellt, dass die höhe des Erfolges intensitätsabhängig ist.

5   Literaturverzeichnis

American College of Sports Medicine. (1998). The recommended quantity and quality of exercise for developing and maintaining cardiorespiratory and muscular fitness, and flexibility in healthy adults. *Medicine and science in sports and exercise, 30* (6), 975–991.

American College of Sports Medicine. (2006). *ACSM's Guidelines for Exercise Testing and Prescription* (7. Aufl.). Philadelphia: Lippincott Williams & Wilkins.

Grosser, M. & Starischka, S. (1998). *Konditionstraining.* München: BLV

Institut für Prävention und Nachsorge (IPN). (2004). *IPN-Test – Ausdauertest für den Fitness- und Gesundheitssport.* Köln: Institut für Prävention und Nachsorge.

Mancia, G., Fagard, R., Narkiewicz, K., Redon, J., Zanchetti, A., Böhm, M. et al. (2013). Practice guidelines for the management of arterial hypertension of the European Society of Hypertension (ESH) and the European Society of Cardiology (ESC). *Journal of Hypertension, 31,* 1925-1938.

Markworth, P. (2012). *Sportmedizin. Physiologische Grundlagen* (24. Aufl.). Hamburg: Nikol.

Molmen-Hansen, H., Stolen, T., Tjonna, A., Aamot, I., Ekeberg, I., Tylum, G., Wisloff, U., Ingul, C., Stoylen, A. (2012). *Aerobic interval training reduces blood pres sure and improves myocardial function on hypertensive patients.* Zugriff am 12.06.2019. Verfügbar unter http://www.ncbi.nlm.nih.gov/pubmed/21450580

Vlatsas, S. (2015). *Kardiovaskuläre Effekte eines aeroben versus eines isometrischen Trainings bei arterieller Hypertonie.* Zugriff am 12.06.2019. Verfügbar unter https://refubium.fu-berlin.de/handle/fub188/1246

Weineck, J. (1997). *Sportbiologie* (6. Aufl.). Balingen: Spitta.

Zintl, F. & Eisenhut, A. (2001). *Ausdauertraining. Grundlagen Methoden Trainingssteuerung* (5. überarb. Aufl.). München: BLV.

6   Tabellenverzeichnis